New York, due scoiattoli e un pianoforte.

Di

Mirko Campini

Codice ISBN: 9798864563670

Casa editrice: Independently published

Immagine di copertina di Dunio Piccolin

Dedico questo racconto a tutti i ragazzi e le ragazze che come Ethan continuano a vivere silenziosi e invisibili ai margini delle nostre rumorose e spesso ostili città.

Nella speranza che anche loro possano finalmente incontrare due scoiattoli, un pianoforte e arrivi il giorno a lungo atteso di un vero cambiamento.

Il ricavato delle donazioni che questo racconto sarà in grado di attivare sarà interamente devoluto alla Organizzazione di Volontariato Amici di Laura.

L'associazione ha sede a Usmate Velate (MB) e in questi anni si è impegnata nella realizzazione del progetto **Crescere Abitando** attraverso la creazione di percorsi formativi dedicati a persone con disabilità, in grado di migliorare le loro capacità di autonomia e con l'obiettivo di arrivare a una vita più indipendente.

PREFAZIONE di Lorenzo Orlandi, musicoterapeuta.

Correva l'anno 1990 quando, giovane studente di pianoforte ebbi la "meravigliosa" idea di propormi all'USSL 64 di Monza, per svolgere servizio civile presso il Centro Socio Educativo di Lissone.

Scoprii un mondo straordinario fatto di interazioni profondissime caratterizzate da relazioni che esprimevano profonda empatia.

Di fatto quell'esperienza mi permise di divenire consapevole che la vera disabilità non si evidenziava solamente come espressione diretta di un deficit, cognitivo, psichico o sensoriale, ma piuttosto come un riflesso di una "nostra" incapacità di sostenere con Amore le parti più sofferenti delle persone più fragili.

Provo una gioia infinita nel poter affermare che proprio l'autore, Mirko

Campini è stata la persona che più di ogni altra mi ha permesso di elevare la coscienza, di considerare ogni diversità come una risorsa in grado di arricchire e nutrire la psiche di ogni persona.

Mirko ha saputo trasmettermi quei semi essenziali che mi hanno convinto a fare della mia grande passione, la musica, un raffinato canale di comunicazione in grado di raggiungere le parti più tenere e nascoste delle persone che vivono questa condizione.

Per molti anni ho avuto la possibilità di condividere con l'autore percorsi di musicoterapia, integrando le nostre rispettive conoscenze, capacità e mondi creativi creando quelle condizioni che potessero favorire il loro desiderio di relazione all'interno di una cornice di accettazione incondizionata.

La sensibilità di Mirko, la sua capacità di individuare e valorizzare le qualità di ogni persona, quella naturale caratteristica che gli permette di farsi permeare dalla bellezza insita nel più piccolo dettaglio, emergono chiaramente durante la lettura di questo racconto.

Un racconto che accompagna il lettore all'interno di un quadro, sì: un quadro realistico in cui si intrecciano come in un mosaico da costruire e ricostruire le storie di persone, di luoghi, riflessioni ed emozioni.

Un musicista, un ragazzo autistico che si muove saltellando, una mamma e due dinamici scoiattoli. Un racconto che naturalmente attira su di sé i riflettori, incuriosendo e svelando con dettagli sempre più ricchi il senso di quel misterioso accadere al di là di quella finestra accesa sotto il cielo e i grattacieli di New York.

L'Autore descrive con sapienza e precisione ciò che accade quando la musica e la relazione sonora arrivano a toccare le corde vibranti delle persone più chiuse; di come il "gioco" permeato di gioia disarmante, nel racconto ben rappresentata dal ruolo degli scoiattoli, possa attivare risorse impensabili anche in persone con disturbi delle abilità comunicative.

Negli incontri osservati e raccontati dal professore emerge anche il ruolo indispensabile di una madre attenta ed affettiva, di come il suo amore, mediato e valorizzato dal potenziale empatico di un musicoterapeuta, possa veicolare quei messaggi di accettazione, di empatia profonda, in grado di creare la cornice più adatta per stimolare il desiderio di aprirsi al mondo, alla vita e all'interazione sana e costruttiva.

Compito di tutti coloro che si dedicano alle relazioni d'aiuto, quindi anche di un professionista della musicoterapia, è aprire un ponte con le persone, un ponte di fratellanza che poggia sul senso di comunione e condivisione profonda come esseri umani.

Un ponte che riesca a toccare anche il cuore della persona più fragile, a toglierla dal suo isolamento, ad aprirlo nuovamente alla fiducia e all'amore.

Che ruolo svolge in questo la musica, il suono, il canto? In che modo il loro utilizzo in terapia favorisce questo processo di trasformazione? La musica e il canto sono le forme più antiche e quindi più profonde di comunicazione. Quando le parole sono ormai insufficienti o impotenti, là dove il dolore (es. gravi forme di psicosi) ha chiuso i normali canali di accesso,

la musica, attraverso il fenomeno della risonanza fisica ed empatica, può ancora raggiungere l'anima delle persone e risvegliarne il potenziale d'amore per la vita, che si manifesta in primo luogo come desiderio di relazione.

Lo abbiamo visto infinite volte, anche

nei casi più gravi, dove la medicina e la psicologia ufficiale si erano arrese impotenti.

Quale musica può ottenere questo effetto? Non una musica preconfezionata, magari registrata, da somministrare al paziente come una pillola. Ma una musica che si crea nell'hic et nunc,

come il canto di un'anima che ne cerca e ne incontra un'altra.

Quanto più il terapeuta ha sviluppato qualità di ascolto profondo e di risonanza empatica, quanto più ha portato e praticato queste capacità a livello musicale, tanto più il suo modo di toccare lo strumento o di utilizzare la voce sarà guidato da qualità sottili, che si rivelano nel gioco di timbri, altezze, armonie, nelle sfumature dinamiche ed agogiche, nell'alternarsi di tensioni e distensioni, nel gioco creativo di ritmi, pause, silenzi.

Come direbbe Mirko, *"La musicoterapia non può fare a meno della bellezza"*, anche e soprattutto quando si occupa dei casi più gravi. La bellezza di cui essa ha bisogno, però, non è quella superficiale, tecnica od esibizionistica, perseguita dall'Ego. Ciò di cui ha bisogno è una bellezza profonda, una bellezza dell'anima o, come dicevamo in apertura, una bellezza radicata nell'essere.

"...Forse per la prima volta provava piacere a giocare con qualcuno. Qualcuno in cui aveva riconosciuto una parte di sé ... Appoggiò la sua mano con delicatezza sulla spalla del musicista e poi con le dita toccò un tasto del pianoforte".

In queste frasi, riprese dal racconto, è insito il senso stesso dei percorsi musicoterapici.

Anche le persone più fragili, quindi anche persone con disturbi dello spettro autistico, possono interagire e aprirsi con i professionisti della musicoterapia, ma solo nel caso in cui si sentano pienamente accolte; solo se il terapista

"è in grado di vedere il mondo come se fosse l'altro, mettendosi nei suoi panni" (C. Rogers), di fatto accettandolo pienamente per come è, con le proprie caratteristiche e le unicità che lo caratterizzano.

La musica calibrata nel qui ed ora sui comportamenti e sugli stati emotivi di Ethan, il movimento danzato e genuino dei due piccoli scoiattoli, la cornice di ascolto profondo in cui il ragazzo è avvolto riescono a creare le condizioni indispensabili per rendere possibile quel contatto permeato di gioia e di desiderio di relazione.

Capitolo 1 - L'arrivo

La stanza era piuttosto piccola o forse solo troppo piena di cose. Appoggiai le mie valigie sulla moquette scura e cominciai a guardarmi intorno. Nel frattempo la porta si era chiusa dietro di me, separandomi dal mondo come mi succedeva da bambino, quando giocavo a nascondermi non resistendo a quel bisogno improvviso di allontanarmi da tutto.

Mi tornò alla mente un regalo di Natale di molti anni prima: la tenda per giocare agli indiani. L'avevo aspettata tutta la notte pregando che arrivasse subito mattina. Una tenda dai colori sgargianti che montavo al centro della mia cameretta. Mi bastava spegnere le luci e poi chiudermi dentro, accendendo una pila, per volare fino in America cavalcando e gridando come i Cheyenne in una prateria sconfinata.

Capitolo 2 - Le luci di Manhattan

Mi trovavo a New York, era dicembre e il buio arrivava presto. Me ne ero accorto subito, sbirciando fuori dal finestrino del taxi giallo preso all'aeroporto.

Arrivare in un pomeriggio inoltrato nel tempo di Natale era stata davvero una buona idea. Avevo ancora negli occhi quella montagna di luci che all'improvviso si era alzata sopra la colonna di macchine in cui ero immerso. Era come se il cielo con tutte le sue stelle fosse sceso come un morbido mantello sopra la città. Non rimaneva più altro da guardare. Persino la luna se ne stava in disparte, quasi intimidita, a osservare.

Ripensavo a questo momento mentre

aprivo la valigia e cominciavo a sistemare le prime cose. Il letto mostrava i suoi anni, come del resto tutto l'arredo intorno. Non c'erano tende alla finestra e così guardando fuori mi accorsi che adesso anch'io ero diventato una piccola stella nel cielo di Manhattan.

Cercai di dormire. Il palazzo di fronte era completamente buio tranne due grandi finestre che restarono illuminate a lungo. La mia prima notte in America stava per cominciare.

Capitolo 3 - Primo giorno a New York

Le porte del piccolo ascensore finalmente si aprirono. Due eleganti signore e un uomo con un vecchio cappello di lana mi fecero spazio stringendosi un po' e così raggiunsi il salone delle colazioni. Al centro della sala era posizionato un grande albero di Natale ricco di decorazioni, mentre dolci note musicali facevano da sottofondo. L'unica eccezione a questa gradevole tranquillità era il rumore delle ante di vetro della porta girevole all'ingresso che strisciavano sul pavimento. L'aria che penetrava da quella porta era gelida. Mi convinsi a tornare in camera per recuperare guanti e cappello.

Presi tutto e notai le due finestre del palazzo di fronte ancora illuminate. Dentro non c'era nessuno, ma riuscii a scorgervi un pianoforte nero a mezza coda, due sedie e un piccolo divano verde.

Poco dopo attraversai quella porta girevole e subito New York mi venne incontro. Enorme, rumorosa, caotica, unica.

Cominciai a camminare e subito ebbi la sensazione di venire inghiottito e confuso nel fiume di gente, sotto lo sguardo severo dei grattacieli di Manhattan.

Finalmente potevo guardarli da vicino e per un po' non riuscii a percorrere le strade senza alzare lo sguardo verso quelle lontanissime cime d'argento sopra di me.

Ero proprio sotto l'Empire State Building e guardandolo mi tornarono in mente le scene in bianco e nero della prima disperata scalata di King Kong che fugge dalla polizia. Poi una gabbianella sfrecciò altissima intorno a quelle finestre spingendomi velocemente verso l'uscita del mio cinema immaginario, mentre una folata di vento aveva sollevato bruscamente la mia sciarpa, facendola cadere per terra. In fondo alla Trentaquattresima il fiume Hudson cominciava a tambureggiare.

La gabbianella scese velocemente adagiandosi tranquilla sul palo di un semaforo e sembrava guardarmi: immobile, pensierosa e per nulla preoccupata per quella folla chiassosa sotto di lei. Decisi di imitarla salendo con l'ascensore in cima a quel grattacielo e restando folgorato da quel panorama infinito di palazzi, strade, veicoli. Il sole si stava alzando e la sua luce riempiva ogni cosa. Ora da quassù sembrava tutto fermo, immobile. In realtà, New York è come un orologio: in perenne movimento.

Capitolo 4 - Dalla finestra

Rientrai in albergo nel tardo pomeriggio. Intanto, qualcuno era arrivato nella stanza del palazzo di fronte e si era messo al pianoforte.

Era un uomo abbastanza giovane che indossava una giacca bordeaux con un farfallino a pois verde. I capelli erano neri, lunghi e cadevano un po' in avanti celandone il profilo. Non potevo sentire nulla, eppure rimasi affascinato e stupito ad ammirare quel concerto silenzioso e quelle mani che scorrevano sui tasti del pianoforte, mentre lentamente la luce e le immagini di quella stanza venivano incorniciate dal buio della sera.

Il mio telefono suonò. Era un professore di Storia che conoscevo bene e che da qualche anno lavorava alla Rutgers University, oltre l'Hudson.

Ero felice di sentirlo e ci accordammo subito per un incontro a metà settimana.

Tornai ai miei appunti, ma ormai ero catturato da quel musicista. Nel frattempo, erano entrate due persone: una donna e suo figlio. Lei era molto affettuosa e prima di uscire lo salutò con qualche energica raccomandazione e un bacio sulla guancia. Lui era giovane, piuttosto esile di corporatura ma già abbastanza alto. Erano le 18 e per un'ora non successe quasi nulla; almeno nulla che potessi riconoscere come una normale lezione di pianoforte. Ogni volta che alzavo gli occhi dai miei fogli vedevo il ragazzo che camminava e saltellava nella stanza, quasi strisciando contro le pareti. Era davvero strano il suo modo di spostarsi e io all'inizio non riuscivo a comprendere se fosse una danza o un esercizio concordato.

I movimenti erano brevi, veloci e con fermate improvvise. Il suo sguardo seguiva traiettorie insolite e quasi sempre era diretto verso gli angoli della stanza. Ogni tanto veniva alla finestra e si fermava strisciando sul vetro con le dita dall'alto verso il basso. Allora il musicista si interrompeva e cercava di avvicinarsi a lui. Ma dopo pochi attimi il ragazzo si allontanava e riprendeva a correre lungo le pareti.

Mi convinsi che ci fosse qualcosa che lo disturbava e che gli impediva di aprirsi e di comunicare.

Arrivò la mamma. Parlò qualche secondo con il musicista e poi lei e il figlio uscirono dal portone mano nella mano. Anche sul marciapiede il ragazzo si muoveva a scatti continuando a saltellare e guardando all'insù. Teneva delle grosse cuffie rosse sulla testa. La mamma sembrava stanca, nervosa e cercava di trattenerlo impedendogli di fare quei salti. Ma lui si liberava e ricominciava iniziando a gridare e scappando in avanti. Andarono avanti così fino alla fine della strada, poi la mamma lo raggiunse, svoltarono e non li vidi più.

Il musicista scrisse qualcosa sedendosi alla scrivania, poi indossò un lungo cappotto color miele, spense le luci e uscì dalla stanza.

Stavo per allontanarmi dalla finestra, quando mi accorsi che la luce si era accesa di nuovo; proveniva da una lunga lampada a stelo che illuminava solo il pianoforte. Con un balzo un piccolo scoiattolo grigio ci atterrò sopra e cominciò a saltare sopra i tasti. Dopo pochi secondi ne arrivò un altro rosso che fece la stessa cosa. I due scoiattoli iniziarono a toccare i tasti con le loro piccole zampe correndo su e giù dal pianoforte. Sembravano divertirsi. La mia faccia era ormai appiccicata al vetro tanto era lo stupore.

Guardai la bottiglia di birra mezza vuota che mi ero portato in camera. Forse avevo camminato tanto e bevuto troppo.

Capitolo 5 – Josè

Quella non fu una notte tranquilla. Sulla parete bianca in fondo al mio letto continuavano a rimbalzare le luci di Times Square e i vetri non riuscivano ad attenuare il vortice assordante delle sirene dei pompieri e della polizia che sentivo passare sulla strada.

E poi c'era il ricordo di quei due scoiattoli sul pianoforte. Solo dopo qualche ora mi tranquillizzai, vedendo quella stanza ancora illuminata ma vuota.

Era prevista pioggia quella mattina. E la pioggia arrivò.

Il mio amico professore si chiamava Josè. Ci trovammo prima di pranzo davanti alla scalinata del MET, uno dei musei più importanti del mondo. Camminammo all'interno delle sale, avvolti dal fruscìo delicato dei turisti

senza accorgerci del tempo che passava. Josè mi descriveva tutto con il consueto irresistibile entusiasmo, sussurrandomi spiegazioni e aneddoti spesso gustosi.

Il tempo passava e io volavo leggero da Van Gogh a Monet, da Cèzanne a Gauguin. Mi sentivo come una farfalla in un prato pieno di fiori. Lasciai i quadri di Picasso per ultimi. Con lui avevo sempre un appuntamento particolare. Era come se ogni volta guardando le sue opere lui mi chiedesse:

"Allora, adesso mi hai capito?"

E ogni volta la mia risposta era negativa. Non l'avevo ancora compreso, eppure quel mistero mi catturava ogni volta.

Sembrava che mi sfidasse prendendo quei pezzi di realtà, quei volti di donne e di uomini facendoli sparire, deformandoli, per poi farmeli ritrovare dove non avrei immaginato. A volte anche la nostra vita fa così. Ti fa perdere ogni riferimento, si svuota di ogni senso e poi un giorno, da qualche parte si fa ritrovare e ti restituisce tutto. Per questo amavo Picasso, la sua arte e la sua follia.

Capitolo 6 – Ethan

Nel pomeriggio io e Josè continuammo a parlare e a camminare sotto la pioggia, rimandando l'idea della crociera sull'Hudson alla mattina dopo e salutandoci vicino alla fermata della metropolitana.

Ero fermo al semaforo. Davanti a me la pioggia cadeva sciogliendo i colori del traffico e di tutto ciò che si muoveva attorno. Due scuolabus gialli erano fermi imprigionati dalle auto e i loro enormi fari mi accecavano. Il rumore dei clacson era aumentato. C'era qualcosa che bloccava il defluire dei mezzi. Alle mie spalle due persone con la giacca del servizio sanitario mi superarono correndo.

"Ethan! Ethan!" Urlarono più volte

questo nome mentre si dirigevano verso l'incrocio delle strade.

"C'è un ragazzo in mezzo all'incrocio!" Disse una persona accanto a me. Guardai bene e finalmente vidi qualcuno. Era un ragazzo con delle grosse cuffie rosse in testa che sembrava molto agitato.

Si muoveva saltando da una macchina all'altra. Urlava e saltava ed era ormai completamente bagnato. I due uomini lo raggiunsero cercando di calmarlo. Intorno a loro la gente chiusa nelle macchine e impaziente di ripartire non smetteva di protestare e continuava a suonare il clacson. Qualcuno era sceso e si lamentava violentemente per il tempo perduto.

Mi ero avvicinato anch'io all'incrocio avendo ormai riconosciuto da quelle cuffie rosse e da quei movimenti a scatti lo stesso ragazzo che avevo visto correre intorno al pianoforte.

Vivevo un profondo senso di inquietudine e di impotenza. Il mondo sembrava nascondersi e incattivirsi, indifferente al destino di un essere umano confuso e spaesato.

Sopra la distesa dei tetti delle macchine una donna si stava avvicinando. La sua disperazione era evidente. Indossava un cappotto rosso ormai fradicio per la pioggia e teneva in alto la borsa per rendersi più visibile. Era la madre di Ethan.

Dopo qualche secondo riuscì a tranquillizzarlo, lo prese per mano e se lo portò via. Le porte delle macchine si richiusero in fretta e i clacson smisero di suonare. Il traffico ricominciò a strisciare come un lungo serpente sulla strada bagnata.

Ripresi a camminare verso la Subway sfiorando alcune persone che trafficavano attorno a sacchi di immondizia. Poco più in là, dai tombini affioravano forti getti di vapore bianco. Era la nebbia calda del sottosuolo di New York. Scesi velocemente dalle scale strette e ripide della metropolitana lasciando quell'inferno sopra di me e arrivai davanti ai binari, appoggiandomi al muro. Ero stanco e infelice. Dallo zainetto presi la mia cuffia e richiusi gli occhi cercando rifugio in un Notturno di Chopin.

Entrai piuttosto tardi in camera, impiegando diverso tempo a cercare di stendere gli abiti bagnati dalla pioggia. A un certo punto andò via anche la luce e rimasi al buio per diversi minuti. Ma quasi non me ne accorsi, perché davanti a me lo spettacolo degli scoiattoli era già ricominciato.

Presi la macchina fotografica e scattai

delle foto. Volevo delle prove, anche se questa volta non avevo ancora bevuto niente e la possibilità che fosse tutto vero era altissima.

Li osservai di nuovo mentre giocavano a rincorrersi toccando i tasti e poi lanciandosi fino al divano verde per poi salire sulla tenda e ributtarsi giù, come in una giostra. Una giostra bellissima che speravo non finisse mai.

Invece, a un certo punto si fermarono e attraverso il mio obiettivo notai i loro occhi diventare più grandi; forse mi avevano visto. Un secondo dopo i due sparirono, lasciando anche questa volta la luce accesa.

Notai che c'erano alcuni alberi molto alti vicino a quelle finestre e Central Park era proprio in fondo alla via. Chissà, forse arrivavano da lì.

Capitolo 7 - La crociera e Broadway

Quella mattina aveva smesso di piovere, le nuvole bianche si stavano diradando e una bella luce si specchiava sul fiume e sulla schiuma bianca che si formava sulla prua della nostra imbarcazione, addobbata per l'occasione come un albero di Natale galleggiante.

La crociera attorno a Manhattan era iniziata solo da qualche minuto ma i miei occhi erano già abbagliati dal panorama di quella città e dal profilo di quelle torri di vetro e acciaio che vedevo scorrere appena sopra l'acqua.

Un uomo con una folta barba e i capelli lunghi raccontava ai turisti storie e aneddoti divertenti. I gabbiani macchiavano il sole con i loro voli leggeri, mentre il battello navigava portandoci vicino alla Statua della Libertà e poi verso il ponte di Brooklyn. Lo attraversammo lentamente passando sotto quelle imponenti strutture di acciaio e granito. Josè mi guardò con gli occhi lucidi. Aveva un ricordo bellissimo ma anche doloroso di quel ponte.

Me lo raccontò qualche ora dopo quando ci fermammo in un locale a Dumbo e quel ponte potevamo vederlo dalla finestra, quasi sospeso sopra di noi.

Molti anni prima Josè era venuto a New York con un gruppo di studenti per un progetto di scambio culturale e aveva conosciuto una ragazza americana. Si chiamava Zahira. Si erano piaciuti subito e Josè ricordava che l'ultima sera riuscirono a parlarsi proprio camminando sul ponte di

Brooklin.

Per entrambi era la prima volta che provavano un sentimento così forte e profondo per qualcuno. Lo avevano scoperto con un po' di imbarazzo in quei giorni ma solo in quell'ultimo incontro, guardando le luci delle barche sul fiume riuscirono a rivelarlo, donandosi tutto quello che il loro cuore aveva trattenuto fino a quel momento. Quella ragazza era stata il suo primo amore.

Un amore che non riuscì a resistere alla distanza, ma che non si allontanò più da quel ponte e da questa città.

"Ormai, sono passati tanti anni..." Josè pronunciò quelle ultime parole guardando dalla finestra. Fuori, un sottile velo di foschia nascondeva ormai quasi interamente il ponte, ma non la sua emozione.

Spostò la tendina, disegnando la zeta di Zahira con il dito sul vetro umido e poi mi guardò ritrovando il sorriso.

"Beh, allora che si fa stasera? Andiamo a Broadway?"

E ci trovammo davvero a Broadway, vestiti in modo elegante, seduti nelle prime file a goderci un musical in un teatro un po' retrò e pieno di gente. Perché questa è New York.

Un posto dove tutto può cambiare in un attimo, proprio come le scene di un film e dove puoi trovare tutto quello che cerchi, compresi i tuoi sogni. Perché New York è una città costruita inseguendo i sogni di chi è arrivato fin qui, ma anche con i sogni di quelli che magari non la vedranno mai; una città che ti ricorda il coraggio e le speranze di chi ha attraversato un mare che sembrava infinito, ma anche il sacrificio di quelli che erano già qui, da sempre, con la loro tenda, i loro alberi, i loro bisonti, i loro dei.

E forse per questo è anche il posto giusto per toglierti qualche certezza e metterti alla prova, capire chi sei e cosa vorresti diventare.

Tornai in albergo in tempo per incontrare Yamir che con la sua divisa elegante nera, il cappello e i guanti bianchi era pronto ad accogliermi con il suo solito sorriso gentile, aprendomi la porta dell'hotel.

Entrai in camera. La luce della finestra di fronte era ancora accesa, illuminando il pianoforte. Il musicista non si vedeva e gli scoiattoli questa volta erano rimasti a dormire nel loro grande giardino in mezzo ai grattacieli. Eppure io restai ancora a lungo a guardare in quella stanza sperando che prima o poi la giostra del giorno prima riprendesse a girare.

Capitolo 8 - Central Park

A Central Park questa volta ci andai da solo, di mattina presto. Le casette di legno dei mercatini di Natale stavano aprendo e in giro si vedevano solo pochi turisti.

L'inverno era in ritardo e le foglie resistevano sui rami regalando un tocco ancora autunnale al panorama.

Mi persi in quel dolcissimo saliscendi di stradine sotto gli alberi in un silenzio che sembrava abbracciarmi, interrotto solo dal ticchettio degli zoccoli di qualche cavallo, fermandomi poi a leggere su una panchina.

Quando alzavo lo sguardo, nascosti dietro alle foglie, i grattacieli sembravano quasi curvarsi verso di me per venire a respirare dentro questa isola verde.

Cominciai a farlo anch'io, lentamente, profondamente, tenendo gli occhi chiusi. Rimasi lì a lungo leggendo e scrivendo fino a che il sole cominciò a riscaldarmi e poi ripresi il cammino. Ora le strade e i prati erano molto più affollati e un po' più rumorosi.

Da lontano vidi un gruppo di giovani che si divertivano suonando e ballando. Mi avvicinai incuriosito e alla tastiera riconobbi lo stesso musicista che avevo visto dalla finestra del mio albergo.

La stessa giacca di velluto bordeaux, la camicia bianca e lo stesso farfallino a pois verdi. Con lui c'era una ragazza con una lunga gonna verde che danzava suonando il violino.

Durante una pausa provai a richiamare la sua attenzione e mi presentai. Lui si chiamava Dimitris ed era nato in Grecia.

Era giovane e molto disponibile, con un sorriso aperto e due occhi scuri molto profondi e simpatici che facevano dimenticare gli occhiali neri, rotondi.

Mi confermò tutto. Nella stanza che vedevo dalla finestra dell'albergo lui faceva terapia musicale con bambini e adulti. In generale, con persone che avevano bisogno di aiuto per crescere e vivere meglio. Quando gli parlai di Ethan e di quella crisi che avevo visto nel traffico qualche giorno prima, si fece triste ma non rimase stupito. Era già successo altre volte.

La madre lo aveva chiamato subito per raccontargli l'accaduto dicendogli che quel giorno l'aveva perso di vista all'interno di un negozio e probabilmente il ragazzo aveva cominciato a spaventarsi perdendo il controllo della situazione.

Dimitris mi spiegò che le cuffie che portava servivano per proteggerlo dai rumori. Le portava sempre, tranne durante i loro incontri.

Al ragazzo era stata diagnosticata fin dai primi anni di vita una grave forma di autismo e una ipersensibilità uditiva. Il pianoforte era l'unico strumento che sembrava non disturbarlo.

Mentre gli parlavo alcuni ragazzi si avvicinarono e mi abbracciarono, altri all'apparenza più timidi, invece stavano in disparte.

Lo lasciai riprendere il lavoro, osservando da lontano quel gruppo che riprese a suonare e ballare attorno a un grande platano. Stavano festeggiando il compleanno di una ragazza. Fu proprio lei a guardarmi e ad alzare le braccia freneticamente invitandomi a tornare con loro. Sembrava un po' più grande degli altri, eppure la voce tradiva una musicalità ancora bambina. Non ebbi modo di resisterle.

Passai ancora del tempo tra queste persone che sembrava mi conoscessero da sempre, divertendomi molto, nonostante il grave imbarazzo e la difficoltà a comprendere quel modo così nuovo per me, di guardarsi, di toccarsi e di stare insieme. Non ero pronto a ricevere quegli abbracci così forti ma ancora sconosciuti e nemmeno ad accogliere quella fiducia totale, istintiva che a me sembrava così innaturale e illogica.

Intanto, dal platano erano scesi diversi scoiattoli che sembravano gradire quella musica e che presero a correre e saltare in mezzo al gruppo.

Stavo quasi per dimenticarmi dell'incredibile spettacolo che avevo visto nelle sere precedenti. Presi la mia macchina fotografica e mostrai a Dimitris i miei scatti.

"In effetti, era successo che una volta un paio di scoiattoli fossero entrati dentro la stanza. Vedi? Alcuni sono sicuramente attratti dalla musica e la musica… può fare miracoli."

Mi disse queste ultime parole con un sorriso aperto, mentre un bambino che camminava un po' a fatica si era arrampicato fino a sedersi sulle sue gambe e cercava di dirgli qualcosa. Riprese a suonare la tastiera e poi insieme guardammo gli scoiattoli mentre scendevano dal platano e ci giravano attorno con quei movimenti così rapidi e imprevedibili.

"Mi ricordano tanto Ethan" gli dissi, alzando un po' la voce per farmi sentire e mimando quel modo particolare di spostarsi degli scoiattoli. Lui annuì sorridendomi e continuando a suonare.

Mentre mi stavo allontanando ed ero ormai sulla strada sentii ancora la sua voce che mi urlava:

"Mi hai dato un'idea! Grazie!"

Gli feci un cenno d'intesa senza capire a cosa si riferisse, ma con quel senso di piacere che ti resta addosso quando hai la consapevolezza di aver conosciuto una persona particolare.

Ci sono incontri e sguardi che sembrano pesare di più e che sono capaci fin dal primo istante di aprire un varco nel tuo cuore.

Intanto, una piccola carrozza per turisti stava attraversando un ponticello di mattoni rossi. Camminando ci passai sotto e costeggiai una lunga cancellata accanto a un grazioso laghetto, mentre il vento sopraggiunse facendo vibrare i rami di una grande quercia.

Una delle magie di questo luogo meraviglioso era proprio il vento. In quei giorni a Central Park prendeva le sembianze di un folletto capace di appostarsi dietro alle querce rosse o nascondersi dietro una siepe per poi scatenarsi volando come gli uccelli attorno ai rami e le persone. Dopo pochi secondi spariva e di nuovo tornava il silenzio.

Davanti a me le foglie, come pennellate di rosso, continuavano a cadere e a crepitare sotto l'avanzare dei miei piedi. La prima neve a New York stava per arrivare.

Capitolo 9 - Il saluto

E infatti la neve iniziò a scendere, leggera ma incessante su Manhattan e dopo un paio di giorni che trascorsi perlopiù scrivendo e leggendo all'interno della Biblioteca pubblica di New York, Josè si rifece vivo.

Ero prossimo alla partenza e desideravamo entrambi organizzare qualcosa insieme. L'appuntamento era davanti al grande albero di Natale del Rockefeller Center. Davanti a me la pista del pattinaggio era affollata di bambini che scivolavano e cadevano grattando il ghiaccio accanto quell'enorme albero pieno di luci e decorazioni.

Josè mi portò a mangiare in un locale piuttosto elegante, con una bella atmosfera. Gli raccontai subito del mio incontro con Dimitris e di quel ragazzo che correva intorno al pianoforte. Josè li conosceva entrambi.

"Quando arrivai a New York per un certo periodo insegnai in una scuola elementare. Ethan lo conobbi lì. Era un bambino molto irrequieto, non riusciva a relazionarsi con gli altri e qualsiasi rumore lo disturbava. Spesso si era costretti ad allontanarlo dalla classe. La madre lo segue con passione, ma la sua vita è davvero complicata."

La porta dietro di noi si aprì rumorosamente e lo interruppe. Entrò un uomo vestito con un giaccone strappato e una coperta sulle spalle. Si trascinava dietro delle borse di plastica. Andò a sedersi al tavolo e cominciò a mangiare del pane e a bere della birra da una bottiglia.

In quei giorni avevo visto tanta gente

disperata sui marciapiedi delle strade di Manhattan, ma ora la presenza di quest'uomo così vicina mi disorientava. Dopo qualche minuto arrivarono due persone, probabilmente addette alla sicurezza del locale, che iniziarono a strattonarlo invitandolo a uscire. La porta si richiuse scuotendo i vetri e i due rientrando si scusarono con noi per l'*"inconveniente"*.

Io e Josè ci guardammo in faccia, immobili e sconcertati da quanto visto, guardando la sagoma di quell'uomo che fuori dal locale aveva ripreso il suo incerto e disperato cammino.

Intanto nella mia testa era come se stessi precipitando dalle scale di uno di quei grattacieli così vicini alle nuvole, rovinosamente, fino a toccare la strada. E sulla strada ritrovavo tutte le contraddizioni e le ingiustizie che New York come spesso tutte le grandi città si portano dietro.

Josè mi versò del vino e commentò con amarezza:

"A New York puoi trovare le migliori condizioni per avere successo e fortuna, ma anche qui puoi scendere nell'abisso più profondo e svegliarti un giorno completamente solo."

E poi aggiunse:

"Sai, forse ci si può sentire meno soli navigando su una barca in mezzo all'oceano, piuttosto che in una grande città, circondati da milioni di fantasmi."

Josè aveva ragione. E mi venne un brivido pensando che forse tra quei milioni c'eravamo anche io e lui.

In fondo al locale un gruppo di New Orleans aveva iniziato a suonare della musica Jazz. E poi c'era una ragazza dalla voce bellissima che giocava con le note e gli strumenti e stava cambiando il nostro umore.

Io e Josè ci lasciammo coinvolgere a lungo da quel canto morbido ma intenso, al punto che ci sembrò di vedere Ella Fitzgerald e Louis Armstrong sorridenti, arrivare e sedersi al nostro tavolo. Brindammo insieme al Natale e al nostro prossimo incontro.

New York era tornata improvvisamente a presentarci il suo profilo migliore, mentre fuori la neve scendeva e copriva ogni cosa.

Capitolo 10 - Ethan, il pianoforte, gli scoiattoli.

Prima di entrare in albergo guardai in alto dall'altra parte della strada. Le luci erano accese. Forse, Ethan era tornato.

Arrivai correndo alla finestra della mia camera senza togliermi nemmeno la giacca. Dimitris era al pianoforte, mentre Ethan saltellava lungo le pareti. Dopo qualche secondo Dimitris si alzò, lasciando la sua posizione e uscendo dalla mia visuale. Poi tornò indietro e riprese a suonare seguito da una ragazza con il violino. Pochi secondi dopo arrivarono anche due scoiattoli che saltarono velocemente sul pianoforte: uno grigio e uno rosso, proprio come quelli che avevo visto il giorno precedente.

Ethan li vide e si fermò. Sembrava

immobile, in realtà ora gli scoiattoli erano entrati nella traiettoria del suo sguardo, lo interessavano. Riprese a correre anche lui cercando di seguirli. A scatti, saltellando e poi bloccandosi all'improvviso.

Spensi la luce della camera e mi avvicinai di più alla mia finestra perché avevo la sensazione che in quella stanza, dall'altra parte della strada, qualcosa stesse per cambiare. E infatti qualcosa cambiò.

Ethan iniziò a ridere.

Improvvisamente aveva scoperto quel piacere gioioso di condividere un gesto con qualcuno, ritrovando una parte di sé, uno spazio comune. Correva e rideva così forte che mi sembrava di sentirlo.

Ethan stava giocando e forse con il gioco stava aprendo una porta per entrare nel suo mondo.

Andarono avanti mentre io stavo lì a guardare lo spettacolo con le scarpe ancora piene di neve, i capelli umidi e gli occhi pure.

Poi Dimitris si fermò, sollevando le mani dai tasti del pianoforte.

Venne il silenzio.

Gli scoiattoli rallentarono il loro girovagare fino a fermarsi, mentre Ethan era tornato alla finestra. Adesso era proprio davanti ai miei occhi.

Piano piano iniziò a picchiettare prima con un solo dito sul vetro, poi con un altro. In pochi secondi cominciò a muovere tutte le dita ridendo, saltando e toccando ogni angolo della finestra.

Un attimo dopo fece uno dei suoi scatti fermandosi e sedendosi per terra in un angolo nascosto della stanza. E per alcuni lunghissimi minuti non riuscii più a vederlo.

Quando finalmente riapparve stava camminando lentamente verso Dimitris. Appoggiò la mano sulla sua spalla e con le dita iniziò a sfiorare delicatamente un tasto del pianoforte. Lo fece due volte e poi scappò via.

Dimitris riprese subito a suonare e la danza con gli scoiattoli ricominciò.

Trattenni a stento l'emozione per quello che stavo vedendo. Quando arrivò la mamma, Dimitris le chiese di aspettare facendola sedere sul divanetto verde.

Ethan toccò di nuovo i tasti del pianoforte e magicamente il gioco con gli scoiattoli riprese insieme ai suoi sorrisi.

Dimitris congedò la mamma dopo un lunghissimo e profondo abbraccio e prima di scrivere i suoi appunti alla scrivania, venne verso la finestra cercandomi con lo sguardo.

Sapeva in quale stella mi avrebbe trovato.

Riuscimmo a incontrare i nostri sguardi e a salutarci dietro ai vetri, mentre la neve, quasi come un sipario si apriva davanti a noi. Poi guardammo giù.

Sulla strada madre e figlio aprirono gli ombrelli e si allontanarono saltellando insieme sulla neve, ridendo e tenendosi per mano.

Capitolo 11 - La partenza

Era il giorno della partenza. Il volo era previsto nel pomeriggio. Mi occupai velocemente delle valigie. Fuori aveva smesso di nevicare e c'era già qualche squarcio d'azzurro. La moquette era ancora bagnata. Spensi la luce e lasciai la camera, salutando quella finestra e tutti i sogni di quel viaggio in America.

Mi incamminai di nuovo verso Central Park immergendomi nelle note di The sound of Silence con la leggerezza di una foglia che si riposa cullandosi nel vento, mentre le immagini di quei giorni appena passati mi scorrevano davanti.

Mi avvicinai al grande platano che era

ancora lì a custodire per sempre tutte le emozioni che avevo provato per i sorrisi di quei ragazzi e per quei loro abbracci così inaspettati.

Mi sarebbe piaciuto incontrarli di nuovo e potergli dire che adesso anch'io ero pronto e finalmente libero di aprirgli tutto il mio cuore.

Mi accorsi che attorno a me non c'era nessuno. Allora mi misi a correre lungo le stradine e i saliscendi del parco, passando sotto i piccoli ponti, attorno alle querce e ai monumenti. Poi entrai in un grande prato ancora pieno di neve e cominciai anch'io a saltare come Ethan.

Ogni tanto mi guardavo indietro osservando le impronte che stavo lasciando. Anch'io stavo lasciando tracce di me, proprio come Ethan, perché ogni gesto comunica qualcosa.

Alla fine, mi fermai piegandomi per riprendere fiato e quando rialzai la testa ritrovai i grattacieli di New York che si affacciavano nel parco a respirare.

Quando il taxi giallo mi riportò fuori dalla città era già buio ed eravamo di nuovo bloccati e fermi nel traffico.

Mi voltai indietro. Ero uscito dalla mia stella e dietro di me il cielo di Manhattan si stava di nuovo appoggiando alla città regalandogli le sue stelle.

Presi posto sull'aereo trascorrendo tutto il tempo del decollo guardando fuori dal finestrino, fino a quando iniziai a vedere i passeggeri abbassare le tendine e accendere gli schermi appesi ai loro sedili.

Feci lo stesso e nel giro di pochi secondi quel posto un po' stretto e scomodo dove ero seduto si trasformò nella morbida poltrona di un cinema. E quel piccolo schermo che avevo sopra le ginocchia divenne grande come tutto il buio che mi aveva circondato.

Scelsi il film per il mio viaggio di ritorno: *New York, due scoiattoli e un pianoforte.* E ricominciai a sognare.

Nel racconto viene messa in risalto l'attenzione di Ethan verso i due scoiattoli che danzano nella stanza, accompagnati dalla musica. Il bambino li vede, li segue e attraverso di loro inizia ad aprirsi al mondo. È una bellissima immagine della potenza della relazione con l'animale e delle infinite possibilità che essa apre.

Da ippoterapista (ora definito coadiutore del cavallo) lavoro da molti anni proprio per facilitare la relazione tra persone fragili e animali, con uno sguardo più educativo che terapeutico, proprio al fine di mettere in risalto il valore della relazione e della conoscenza reciproca, convinta, e supportata dall'esperienza, di quanto il conoscere a fondo e il prendersi cura di un altro essere vivente sia fondamentale per scoprire potenzialità che, soprattutto nel caso di persone fragili è importante portare a consapevolezza.

Ed è stato proprio nel mio percorso professionale che ho incontrato Mirko, con cui ho condiviso dapprima progetti che hanno evidenziato l'enorme potenziale dell'avvicinare ragazzi fragili agli animali e poi, in modo sempre più ampio, l'idea dell'esistenza di diversi modi utili a star bene, ad attraversare con minor fatica alcuni momenti della propria vita o, più in generale ad avere una miglior qualità delle proprie giornate. La relazione con gli animali è una di quelle. I progetti di avvicinamento al cavallo che abbiamo realizzato, ci hanno confermato negli anni la concreta possibilità di generare benessere in chi è più fragile, regalando momenti di spensieratezza da un lato e lavorando per il raggiungimento di piccoli obiettivi diventati via via più grandi, dall'altro. Il contesto della natura, lo sguardo accogliente verso l'altro e la mediazione dell'animale hanno poi fatto nascere un desiderio ulteriore, comune a Mirko e a me, proprio in favore di chi solitamente ha un posto più marginale nella società, affinché si comprenda e si diffonda il potenziale nascosto nell'incontro con gli animali. E la volontà di condividere la mia esperienza professionale mediata principalmente dal cavallo ha proprio origine dall'intento comune di dare maggiore attenzione a chi è più fragile e alla possibilità di regalare momenti di benessere, proprio attraverso il contatto con il meraviglioso mondo animale.

Interfacciarsi con un essere vivente di un'altra specie è prezioso per chiunque, ma diventa ancora più potente se l'interlocutore è un bambino, un ragazzo o un adulto che attraversa un momento di difficoltà. La capacità unica degli animali di accogliere senza giudizio, di sostenere senza utilizzare le parole e di amplificare le emozioni di gioia, apertura, condivisione, rende l'incontro con l'umano un forte mezzo per aprirsi ed entrare in contatto con emozioni profonde e sensazioni che, altrimenti, sarebbe più difficile intercettare. Le gioie vengono amplificate, le fatiche condivise e attraverso il gioco e lo scambio si riscopre una capacità di affidarsi che in pochi altri contesti si riesce ad avere.

Un cavallo, un cane o anche uno scoiattolo attirano inevitabilmente l'attenzione dell'uomo, richiamando quel legame ancestrale che ci ha sempre legati e che oggi si sta invece perdendo. Incrociare il loro sguardo aiuta ad entrare in contatto con se stessi, ma anche a interagire più facilmente con l'altro ed il mondo che ci circonda, perché la comunicazione diventa naturale e spontanea. Gli animali hanno la preziosa capacità di "sentire" ciò che a noi stessi sfugge e di aiutarci a vederlo e spesso a gestirlo. Bambini come Ethan, poi, trovano nell'interlocutore non umano un canale preferenziale, uno scambio diretto, senza filtri, che non ha bisogno di essere spiegato perché semplicemente accade. Gli animali leggono il modo in cui ci muoviamo, le nostre espressioni molto più di quanto noi stessi siamo in grado di fare e, proprio grazie a questa capacità, molto spesso risulta più facile comunicare ed interagire con loro. Dove loro, in questo caso gli scoiattoli, sono i primi in grado di comprendere i bisogni di chi hanno di fronte e ad agire di conseguenza, avvicinandosi o al contrario rispettando lo spazio dell'altro, rimanendo una presenza sicura ma mai invadente.

L'interazione con un altro essere vivente è sempre significativa, muove pensieri, sensazioni e, che ce ne rendiamo conto o no, ne veniamo sempre in qualche modo travolti e modificati. Ed è proprio su queste emozioni che è importante porgere l'attenzione, perché sono in grado di aprire un dialogo spesso inaspettato, ma così forte da cambiare completamente il nostro sguardo nei confronti dell'altro, del mondo e, perché no, di noi stessi.

"Ci sono incontri e sguardi che sembrano pesare di più e che sono capaci fin dal primo istante di aprire un varco nel tuo cuore" si dice ad un certo punto del racconto e credo che ciò valga non solo tra le persone, ma anche quando si ha la fortuna di incrociare lo sguardo sincero di un cane, un gatto o di un cavallo, che a quel punto diventa davvero un canale per la trasformazione. Ed è un po' quello che con questo libro ci si auspica, nel descrivere con parole e immagini l'incontro con l'altro si dà valore all'esperienza che si sperimenta nell'accarezzare un pelo morbido, nello spazzolare un animale enorme ma gentile allo stesso tempo, nello sperimentare una relazione autentica ed arricchente.

Così come Ethan gioca con gli scoiattoli e "forse il gioco stava aprendo una porta per entrare nel suo mondo", così accade ogni volta che ci avviciniamo ad un animale; l'esperienza del protagonista racconta la storia vera di tante persone fragili che hanno avuto la fortuna di vivere la relazione con un animale e l'augurio è che si comprenda il valore di questa possibilità e che essa possa essere ampliata e vissuta da sempre più persone.

Annalisa Di Rubbo è nata a Giussano (MB) nel 1985. Nel 2011 si è formata come ippoterapista nell'area psicointellettiva presso l'A.N.I.R.E. e da allora lavora con adulti e bambini fragili, attraverso la mediazione del cavallo.

Mirko Campini è nato nel 1966 a Milano. Svolge il servizio civile nel Centro diurno disabili di Lissone e dal 1990 lavora come Educatore nei servizi diurni socio sanitari pubblici. Attualmente fa parte dell'equipe educativa del Cdd Terra di Mezzo di Usmate (MB) della A.s.s.t Brianza. Dal 2014 al 2019 coordinatore e formatore per il tempo libero per l'associazione Onlus Noi Per Loro di Lissone (MB). Dal 2015 collabora a progetti per il miglioramento della qualità di vita delle persone in stato vegetativo del reparto Ancora Vita della RSA Cerruti di Capriate SG (Bg). Dal 2020 collabora con l'Associazione Amici di Laura di Usmate Velate (MB) per progettualità inerenti l'autonomia e vita indipendente per le persone con disabilità.

Come scrittore ha partecipato alle antologie *"Tu corri, io volo"*, *"Le coordinate del cuore"* e *"Piccoli fiori"* destinate ad associazioni onlus per scopi umanitari. Con i racconti *"Non lo so, io lo chiamo Amore"* e le poesie *"L'autismo, secondo me"* e *"Quella maledetta seconda D"* si è classificato al primo posto sul sito online Il mio Libro.it.

Ha pubblicato altri due racconti brevi in autoproduzione: *Viaggio in Galizia* e *Monsieur Thibault il ladro di cappelli*. Con il racconto *Moryan che ballava sui sassi* è stato finalista al Concorso Scritture di Lago nel 2021.

Lorenzo Orlandi, ha ottenuto il diploma di Musicoterapeuta presso La Scuola Pro Civitate Christiana di Assisi (PG). Presidente dell'Associazione di Promozione Sociale "Arte in Ascolto"; Musicoterapeuta presso la Fondazione "Lega del Filo d'Oro" Lesmo (MB) specializzata da 60 anni nella riabilitazione di persone sordocieche o con pluriminorazioni sensoriali; realizza progetti riferiti a persone con disabilità all'interno dei Centri Diurni Disabili della Regione Lombardia Ha lavorato Conduttore di percorsi musicoterapici dedicati a pazienti oncologici organizzati da LILT e dall'Associazione Don Giulio Farina di Monza.

Dunio Piccolin è uno degli artisti più conosciuti e apprezzati dell'Agordino, grazie alle sue splendide e colorate opere che raccontano di tradizioni e ricordi.

Nasce ad Agordo nel 1970 e risiede a Falcade (BL). Dunio è pittore, incisore, litografo, affrescatore ed esperto nella tecnica del graffito tradizionale. Si diploma all'Accademia di Belle Arti di Venezia nel 1992 e, nel 1999, dopo gli insegnamenti sulla pittura murale dei maestri Gina Roma, Riccardo Schweizer, Vico Calabrò e Giovanni Sogne, esegue numerosi dipinti murali e graffiti. Sue opere murali (oltre 120 nel 2019) si trovano in provincia di Belluno, Trento, Treviso, Venezia, Treglio e San Salvo (Chieti), Vergiate (Varese), Casoli di Camaiore (Lucca), Zurigo (Svizzera), Luszyn in Polonia e all'Università di Trujillo in Perù. Nel 2013 esce una corposa monografia dedicata ai suoi dipinti murali scritta dallo storico dell'arte Maurizio Scudiero ed edita da Nuovi Sentieri Editore.

Note

Note

Note

Note

Note

Note

Note

Note